कामाख्या संहिता

गुरु गौरव आर्य

सूचि

Published By

Guruweshvar Publications

Madhya Pradesh, Chattishgarh, UttarPradesh

ISBN- 978-81-968214-0-1

कामाख्या माता

कामाख्या माता एक प्रमुख हिन्दू देवी हैं और वे हिन्दू धर्म में एक महत्त्वपूर्ण शक्ति पीठ के रूप में पूजी जाती हैं। विशेषकर तान्त्रिक साधना और शक्ति पूजा के संदर्भ में, कामाख्या माता अत्यंत महत्त्वपूर्ण मानी जाती हैं। वे अपने भक्तों को मोक्ष और सिद्धियों की प्राप्ति में सहायक होती हैं।

यहां कुछ महत्वपूर्ण तथ्य हैं जो कामाख्या माता के परिचय को समझाते हैं:

1. **स्थानः** कामाख्या मंदिर असम की राजधानी दिसपुर के पास गुवाहाटी से ८ किलोमीटर दूर कामाख्या में है और गणेश केसा है ? । इस मंदिर को कामाख्या देवी के योनि स्थल के रूप में भी जाना जाता है।

2. **अनुष्ठान स्थलः** कामाख्या मंदिर तान्त्रिक साधना और शक्ति पूजा के लिए एक महत्त्वपूर्ण स्थल है। यहां पर विशेष रूप से अश्वमेध यज्ञ की प्रक्रिया को योग्य बनाने के लिए प्रयासरत तांत्रिक साधकों के बीच महत्त्वपूर्ण अनुष्ठान होते हैं।

3. **पौराणिक कथाः** कामाख्या माता का एक पौराणिक कथा है जिसमें बताया गया है कि इनका योनि भगवान शिव के पुराणी दोलन के फलस्वरूप उत्पन्न हुआ था। इस कथा के अनुसार, इस स्थान पर माता सती का योनि गिरा था और इसका नाम कामाख्या पड़ा।

4. **नीलाचल पर्वतः** कामाख्या मंदिर नीलाचल पर्वत पर स्थित है जो उत्तर पूर्व भारत में स्थित है। इस पर्वत को असम के लोग भगवान शिव के आवास के रूप में मानते हैं।

5. **नारक चतुर्दशी उत्सव:** कामाख्या मंदिर में वार्षिक रूप से नारक चतुर्दशी उत्सव का आयोजन होता है, जो देवी कामाख्या की पूजा और भक्तों के आगमन के लिए बहुत महत्वपूर्ण है।

कामाख्या माता को शक्ति और सृष्टि की देवी के रूप में पूजा जाता है, और उन्हें तान्त्रिक साधना और शक्ति पूजा के साथ जोड़ा जाता है। उनके मंदिर का दर्शन करने के लिए भक्तगण पूरे विश्वभर से यहां यात्रा करते हैं।

कामाख्या पूजन

पूजनकर्त्ता हाथ में अक्षत, पुष्प लेकर हाथ जोड़े (पृथ्वी के लिए) और नीचे का मन्त्र पढ़कर पृथ्वी के ऊपर रख दें –

ॐ स्योना पृथिवि नो भवान्नृक्षरा निवेशनी । यच्छा नः शर्म्म सप्रथाः ।
पुनः गणेशजी के लिए अक्षत पुष्प लेकर हाथ जोड़े और नीचे का मन्त्र कहकर गणेशजी को चढ़ा दें -

ॐ गजाननं भूतगणादिसेवितं कपित्थमजम्बूफलचारुभक्षणम् ।
उमासुतं शोकविनाशकारकं नमामि विघ्नेश्वर पाद पंकजम् ॥

इसी प्रकार निम्न मन्त्र से गौरि के लिए अक्षत पुष्प चढ़ाए -

ॐ जयन्ती मंगला काली भद्रकाली कपालिनी ।
दुर्गा क्षमा शिवाधात्री स्वाहा स्वधा नमोस्तुते ॥

अब पृथ्वी, गणेशजी और गौरीजी तीनों का क्रम से निम्न विधि से पूजन करते जाए । पृथ्वी का आह्वान प्रतिष्ठा नहीं करना चाहिए । अतः गौरी - गणेश का आह्वान, प्रतिष्ठा चावल लेकर करें ।

आह्वानः-- आगच्छ भगवान् देव स्थाने चात्र स्थिरो भव ।

यावत् पूजां करिष्यामि तावत्वं सन्निधौ भव ॥

प्रतिष्ठाः-- अस्यै प्राणाः प्रतिष्ठन्तु अस्यै प्राणाः क्षरन्तु च ।

अस्यै देवत्यमर्चयै मामहेति च कञ्चन ॥

आसनः-- रम्यं सुन्दरं दिव्यं सर्वं सौख्यकरं शुभम् ।

आसनं च मयादत्तं गृहाण परमेश्वर ॥ आसनं समर्पयामि ॥

पाद्यः-- उष्णोदकं निर्मलं च सर्व सौगन्ध संयुतम् ।

पाद प्रक्षालनार्थाय दत्तं ते प्रतिगृह्यताम् ॥ पाद्यं समर्पयामि ॥

अर्घ्यः-- गृहाण देवेश ! गन्धपुष्पाक्षत सह ।

करुणाकर मे देव गृहाणार्घ्य नमोस्तुते ॥ अर्घ्य समर्पयामि ॥

आचमनः-- सर्वतोर्थ वक्तं सुगन्धि निर्मलं जलम् ।

आचम्यताम् मयादत्तं गृहाण परमेश्वर ॥ आचमं स. ॥

स्नानः-- गंगा सरस्वती रेवा पयोष्णी नर्मदा जलैः ।

स्नापितोऽसि त्वया देव तथा शान्तिं कुरुष्व मे ॥

वस्त्रः-- सर्व भूषादिके सौम्ये लोकलज्जा निवारणे । मयोपपादिते तुभ्यं वाससी प्रतिगृहीताम् ॥ वस्त्र समर्पयामि ॥ यज्ञोपवीत - (केवल गणेशजी को) - नवाभिर्नन्तुभिर्युक्त त्रिगुणं देवतामयं । उपवीर्तेमपादत्तं गृहाण परमेश्वर ॥ यज्ञोपवीतं समर्पयामि ॥

6

चन्दनः-- श्रीखण्डं चन्दनं दिव्यं गन्धढ्य सुमनोहरं । विलेपनं सुरश्रेष्ठ चन्दनं प्रतिगृह्याताम् ॥ गन्धं सं. ॥

कुम्कुम (रोली)ः-- कुम्कुमं कामनादिव्यं कामिनीकाम् संभवम् । कुम्कुमेवार्चितोदेव गृहाण परमेश्वर ॥ कुम्कुमं सं. ॥

अक्षतः-- अक्षतांश्वसुरश्रेष्ठ कुम्कुभोक्ताः सुशोभिताः । मया निवेदिता भक्त्या गृहाण परमेश्वर ॥ अक्षतान् सं. ॥

पुष्पः-- माल्यादीनि सुगन्धीनि मालत्यादीनि वै प्रभो । मया नीतानि पुष्पाणि गृहाण परमेश्वर ॥ पुष्पाणि सं. ॥

दूर्वा (दूब)ः-- त्वंदूर्वेऽमृत जन्मासि वन्दितासि सुरैरपि । सौभाग्य सन्ततिर्देहि सर्व कार्यकारी भव ॥ दूर्व सं. ॥

सिन्दूरः-- सिन्दूरं शोभनं रक्तं सौभाग्यं सुखवर्द्धनम् । शुभदं कामदं चैव सिन्दूरं प्रतिगृह्यताम् ॥ सिन्दूरं सं. ॥

धूपः-- वनस्पतिरसोद्भूतो गन्धाढ्यो गन्ध उत्तमः ॥ आघ्रेयः सर्वदेवतां धूपोऽयं प्रतिगृह्यताम् । धूपमाघ्रापयामि ॥

दीपः-- राज्यं च वर्ति संयुक्त वह्निना योजितं मया । दीपं गृहाण देवेश त्रैलोक्य तिमिरापहम् ॥ दीपं दर्शयामि ।

नैवेद्यः-- शर्कराघृत संयुक्त मधुर स्वादुचोत्तमम् । उपहारं समायुक्तं नैवेद्य प्रतिगृह्यताम् ॥ नैवेद्यं निवेदयामि ॥

आचमनः-- गंगाजलं समानीतं सुवर्णकलशेस्थितम् ॥

आचम्यताः-- सुरश्रेष्ठशुद्धमाचमनीयम् ॥ आचमनीयं सं. ॥

ऋतुफलः-- नारिकेलफलं जम्बूफलं नारंगमुत्तमम् । कूष्माण्डं पुरतो

भक्त्या कल्पितं प्रतिगृह्यताम् ॥ ऋतुफलं सं. ॥

ताम्बूल पूगीफलः-- पूंगीफलं महादिव्यं नागवल्लीदलैर्युतम् ।

एलाचूर्णादिसंयुक्तं ताम्बूलं प्रतिगृह्यताम् । ताम्बूलं पूंगीफलं सं. ।

दक्षिणः-- हिरण्यगर्भ गर्भस्थं हेमबीजं विभावसोः । अनन्त पुण्य फलदमतः

शान्तिं प्रयच्छ मे । दक्षिणां सं. ॥

विशेषः-- पंचोपचार पूजन में यही मन्त्र प्रयोग किया जाता है । स्नान से

लेकर दक्षिणा तक की विधि तीनों अर्थात् (पृथ्वी गौरी गणेश) के लिए

करें । आगे भी अन्य देवों के पूजन के लिए यही मन्त्र और नियम काम में

लाए । किसी सामग्री के अभाव में चावल का प्रयोग कर नियम पूरा करें ।

इसके बाद प्रार्थना अलग - अलग करनी चाहिए । हाथ में पुष्प - अक्षत

लेकर नीचे के मन्त्र से प्रार्थना कर चढाएँ ।

पृथ्वी की प्रार्थना -

सशैल सागरां पृथ्वीं यथा वहसिमूर्द्धनि ।

तथा मां वह कल्याणं सम्पत्तसन्ततिभिः सह ॥

गणेशजी की प्रार्थना -

ॐ रक्ष - रक्ष गणाध्यक्ष रक्ष त्रैलोक्य रक्षक ।

भक्तानां अभयंकर्त्ता त्राता भव भवार्णवात् ॥

द्वै मातुर कृपासिन्धो षण्मातुराग्रज प्रभो ।

वरद् त्वं वरं देहि वांज्छितं वाञ्छतार्थद ॥

बुधः-- प्रियंगु कलिका श्यामं रुपेणप्रतिमं बुधम् । सौम्यं सौम्यगुणोपेतं तं बुधं प्रणमाम्यहम् ॥

गुरुः-- देवानां च ऋषीणां च गुरुं कांचनसन्निभम् । बुद्धिभूतं त्रिलोकेशं तन्नमामि वृहस्पतिम् ॥

शुक्रः-- हिम कुन्दमृणालाभं दैत्यानां परमं गुरुम् । सर्वशास्त्र प्रवक्तारं भार्गवं प्रणमाम्यहम् ।

शनिः-- नीलांजनसमाभासं रविपुत्रं यमाग्रजं । छायामार्तण्डसंभूतं तन्नमामिशनैश्चरम् ॥

राहुः-- अर्द्धकायं महावीरं चन्द्रादित्यविमर्दनम् । सिंहिकागर्भ संभूतं तं राहुं प्रणमाम्यहम् ॥

केतुः-- पलाश पुष्प संकाशं तारकाग्रह मस्तकम् । रौद्रं रौद्रत्मकं घोरं तं केतु प्रणमाम्यहम् ॥

नीचे लिखे मन्त्रों से नवग्रहों का पृथक - पृथक आह्वान कर पूर्व लिखित विधि अनुसार प्रतिष्ठा, अर्घ्य, पाद्य, स्नान, नैवेद्यादि समर्पित कर पूजन करें ।

सूर्यः-- जपा कुसुम संकाशं काश्पेयं महाद्युतिम् । तमोऽरि सर्व पापघ्न प्रणतोऽस्मि दिवाकरम् ॥

चन्द्रः-- दधि शंख तुषाराभं क्षीरोदार्णव संभवत् । नमामि शशिनं सोम शम्भोर्मुकुटभूषणम् ॥

मंगलः-- धरणी गर्भसंभूतं विद्युत्कान्तिसमप्रभम् । कुमारं शक्ति हस्तं च मंगलं प्रणमाम्यहम् ॥

आह्वान के पश्चात् विधिपूर्वक नौग्रहों का पूजन करें । तदन्तर हाथ जोड़ कर प्रार्थना करें --

ब्रह्मा मुरारिः त्रिपुरान्तकारी भानु शशी भूमि सुतो बुधश्च ।
गुरुश्च शक्रो शनि राहु केतवः सर्वे ग्रहाः शान्ति करा भवन्तु ॥

षोडश मातृका पूजन

१. गणेश गौरी, २. पद्मा, ३. शची, ४. मेधा, ५. सावित्री, ६. विजया, ७. जया, ८. देव सेना, ९. स्वधा, १०. स्वाहा, ११. मातरः, १२. लोकमातरः, १३. धृतिः, १४. पुष्टिः, १५. तुष्टिः, १६. आत्मनः कुलदेवताः ।
इन मातृकाओं का पूर्ववत् पूजन करें ।

षोडशमातृका चक्र

पूर्व   -लाल १६ आत्मन कुल देवता सफेद चावल १२ लोक
माताः   लाल
८ देव सेना सफेद चावल ४ मेधा
सफेद चावल १५ तुष्टिः लाला
लाल ११ माताः सफेद चावल ७ जया लाल
३ शची
   लाल
१४ पुष्टिः सफेद चावल १० स्वाहा लाल
६ विजया सफेद चावल २ पद्मा
 सफेद चावल १३ धृतिः लाल
९ स्वधा सफेद चावल ५ सावित्री लाल
१ गणेश, गौरी

पश्चिम- सप्त घृतमातृका पूजन

अग्निकोण में दीवार पर घी की धार से सात बिन्दुओं को बनाकर गुड़ से एक में मिला देना चाहिए और नाम ले लेकर उनका आह्वान - पूजन करना चाहिए । सप्तघृत मातृकाओं के नाम क्रमशः इस प्रकार हैं -

ॐ कीर्त्यै नमः, २. ॐ लक्ष्म्यै नमः, ३. ॐ धृत्यै नमः, ४. ॐ मेधायै नमः, ५. ॐ स्वाहायै नमः, ६. ॐ प्रज्ञायै नमः, ७. ॐ सरस्वत्यै नमः ।

श्री

○

○   ○

○   ○   ○

○   ○   ○   ○

○   ○   ○   ○   ○

○   ○   ○   ○   ○   ○

○   ○   ○   ○   ○   ○   ○

सप्तघृत मातृका चक्र

एक श्वेत वस्त्र पर रोली से चौंसठ खाने बनाकर एक - एक खाने में एक - एक योगिनियों को स्थित करें । इनके नाम क्रम से यह हैं - १. गजानना, २. सिंहमुखी, ३. गृहस्था, ४. काकतुंडिका, ५. उग्रग्रीवा, ६. हयग्रीवा, ७. वाराही, ८. शरमानना, ९. उलूकी, १०. शिवाख्या, ११. मयूरा, १२. विकटानन, १३. अष्टवक्रा, १४. कोटराक्षी, १५. कुब्जा, १६. विकटलोचना, १७. शुष्कोदरी, १८. ललजिह्वा, १९. श्वेतदष्ट्रा, २०.

वानराननना, २१. ऋक्षाक्षी, २२. केकरा, २३. वृहत्तुन्डा, २४. सुराप्रिया, २५. कपालहस्ता, २६. रक्ताक्षी, २७. शुक्री, २८. श्येनी, २९. कपोतिका, ३०. पाशहस्ता, ३१. दण्डहस्ता, ३२. प्रचण्डा, ३३. चण्डविक्रमा, ३४. शिशुघ्री, ३५. पापहन्त्री, ३६. काली, ३७. रुधिर पायिनि, ३८. वसोधरा, ३९. गर्भभक्षा, ४०. हस्ता, ४१. ऽऽ न्तमालिनी, ४२. स्थूलकेशी, ४३. वृहत्कुक्षिः, ४४. सर्पास्या, ४५. प्रेतहस्ता, ४६. दशशूकरा, ४७. क्रौञ्ची, ४८. मृगशीर्षा, ४९. वृषानना, ५०. व्वात्तास्या, ५१. धूमिनि, श्वाषाः, ५२. व्यौमैकचरणा, ५३. उर्ध्वद्वक् , ५४. तापनी, ५५. शोषिणी दृष्टि, ५६. कोटरी, ५७. स्थूल नासिका, ५८. विद्युत्प्रभा, ५९. बलाकास्या, ६०. मार्जारी, ६१. कटपूतना, ६२. अट्टाटट्टहासा, ६३. कामाक्षी, ६४. मृगाक्षी मृगलोचना ।

स्थलमातृका पूजन

१. ब्राह्मी, २. माहेश्वरी, ३. कौमारी, ४. वैष्णवी, ५. वाराही, ६. इन्द्राणी, ७. चामुण्डा - ये सात स्थल मात्रुकाओं का नाम लेकर पूर्ववत् कहे हुए रीति से आह्वान पूजनादि करना चाहिए ।

अधिदेवता पूजन

ईश्वर शिवा, स्कन्द, विष्णु, ब्रह्मा, इन्द्र, यम, काल, चित्रगुप्त - ये क्रम से नवग्रहों के दक्षिण भाग में स्थापित कर पूजन करें ।

प्रत्यधि देवता पूजन

अग्नि, जल, पृथ्वी, विष्णु, इन्द्र इन्द्राणी, प्रजापति, सर्प, ब्रह्मा ये क्रम से नवग्रहों के वाम भाग में स्थापित कर पूजन करें ।

पञ्चलोक पाल

१. गणपति, २, दुर्गा, ३. वायु. ४. आकाश और ५. अश्विनी कुमार ।

पंचलोक पालों को नौ ग्रहों के उत्तर भाग में आह्वान स्थापन तथा पूजनादि करना चाहिए ।

दश दिकपाल

१. इन्द्र, २. अग्नि, ३. यम, ४. नऋति, ५. वरुण, ६. वायु. ७. कुबेर. ८, ईश्व, ९. अनन्त और १०. ब्रह्मा ।

दश दिकपालों को दसों दिशाओं में स्थापित करें ।

श्री कार्तिकेय पूजन

जहाँ देवी का आसन (रक्त वस्त्र) है उसी के सामने नीचे की ओर षडानन स्वामी कार्तिकेय का पूजन करना चाहिए ।

बिल्व पत्र पूजन

बिल्व वृक्ष की एक डाल काटकर लाए और आसन के ऊपर छाया की भाँति लगा दें । अभाव में २ - ३ पत्तियों की ९ पंखुड़ियाँ ही लाकर वस्त्र पर रख ध्यान करें -

ॐ चतुर्भुज बिल्व वृक्षः रजताभ्याम् वृषस्थितम् ।
नानालंकार संयुक्तं जटामण्डल धारिणीम् ॥

' ॐ बिल्व वृक्षाय नमः ' कहकर पूजन करें । फिर प्रार्थना करें - ॐ श्री फलोऽसि महाभाग सदात्वं शंकर प्रिये कामाक्ष्या रोपनार्थाय त्वांमहं वरये प्रभो ।

देवी के पूजन के लिए साधक को दत्त हो अग्रसर होना चाहिए। रक्त वस्त्र पहनने वाला कामाक्षा यन्त्र अवश्य होना चाहिए। इसके अतिरिक्त, जो मन्त्र-यन्त्र-तन्त्र सिद्ध करना हो, उसे भी रखकर साथ ही पूजन करना चाहिए। यन्त्र-तन्त्र की संख्या कितनी भी हो, पूजन मात्रा से सिद्ध हो जाते हैं, किन्तु मन्त्रों को यथोचित संख्या में जपने से ही सिद्धि होती है।

ध्यान- महापद्मवनान्तः स्ये कारणानन्द विग्रहे ।
शब्दब्रह्ममयि स्वच्छे कामेश्वरि प्रसीदमे ॥

प्रार्थना

रक्ताम्भोधिस्थपीतोल्लसदरुण सरोजाधिरुढा कराब्जै । शूलं कोदण्ड मिक्षूद्वमथगुणमप्यङ्कुशं पञ्चबाणान् ॥ बिभ्राणाऽसृक्कपालं त्रिनयनलसिता पीनवक्षो रुहाढ्या देवी बालार्क वर्ण भवतु सुखकारी कामाक्ष्या परा नः ॥ तुलाकोटि पराक्रान्ता पादपद्मचराश्रिता । सिंहासनोर्द्ध संसुप्ता शवाशन कृताश्रया ॥ मणिप्रभा विघ्नेन शिवेन परमेष्ठिना । नवकेशेन संश्लिष्ट कामाख्या परमेश्वरी ॥

आह्वानः –

ॐ भगवती स्वकीय गण तथा परिवार सहिते इहागच्छ इह तिष्ठ, मम पूजा गृहाण, सम्मुखे भव वरदो भव ।

सिंहचर्मोत्तरासंगा कामाख्या विपुलोदरी ।
वैयाघ्रचर्मवसना तथा चैव हरोदरी ॥
चण्डित्व चण्डिरुपोसि सुरतेजो महाबले ।
आगच्छ तिष्ठ यज्ञेऽस्मिन् यावत् पूजां करोम्यहम् ॥

कामाख्या ध्यानम्

रविशशियुतकर्णा कुंकुमापीतवर्णा,
मणिकनकविचित्रा लोलजिह्वा त्रिनेत्रा ।
अभयवरदहस्ता साक्षसूत्रप्रहस्ता,
प्रणतसुरनरेशा सिद्धकामेश्वरी सा ॥
अरुण - कमलसंस्था रक्तपदमासनस्था,
नवतरुणशरीरा मुक्तकेशी सुहारा ।
शवहृदि पृथुतुङ्गा स्वांघ्रि, युग्मा मनोज्ञा,
शिशुरविसमवस्त्रा सर्वकामेश्वरी सा ।
विपुलविभवदात्री स्मेरवक्त्रा सुकेशी,
दलितकरकदन्ता सामिचन्द्रावनभ्रा ।
मनसिज - दृशदिस्था योनिमुद्रांलसन्ती ।
पवनगगनसक्तां संश्रुतस्थानभागा ॥
चिन्त्या चैवं दीप्यदग्रिप्रकाशा,
धर्मार्थाद्यैः साधकैर्वाञ्छितार्थः ॥
- कालिका पुराण

कामाख्या स्तोत्र

जय कामेशि चामुण्डे जय भूतापहारिणि ।

जय सर्वगते देवि कामेश्वरि नमोऽस्तु ते ॥

विश्वमूर्ते शुभे शुद्धे विरुपाक्षि त्रिलोचने ।

भीमरुपे शिवे विद्ये कामेश्वरि नमोऽस्तु ते ॥

मालाजये जये जम्भे भूताक्षि क्षुभितेऽक्षये ।

महामाये महेशानि कामेश्वरि नमोऽस्तु ते ॥

कालि कराल विक्रान्ते कामेश्वरि नमोऽस्तु ते ॥

कालि कराल विक्रान्ते कामेश्वरि हरप्रिये ।

सर्व्वशास्त्रसारभूते कामेश्वरि नमोऽस्तु ते ॥

कामरुप - प्रदीपे च नीलकूट - निवासिनि ।

निशुम्भ - शुम्भमथनि कामेश्वरि नमोऽस्तु ते ॥

कामाख्ये कामरुपस्थे कामेश्वरि हरिप्रिये ।

कामनां देहि में नित्यं कामेश्वरि नमोऽस्तु ते ॥

वपानाढ्यवक्त्रे त्रिभुवनेश्वरि ।

महिषासुरवधे देवि कामेश्वरि नमोऽस्तु ते ॥

छागतुष्टे महाभीमे कामख्ये सुरवन्दिते ।

जय कामप्रदे तुष्टे कामेश्वरि नमोऽस्तु ते ॥

भ्रष्टराज्यो यदा राजा नवम्यां नियतः शुचिः ।

अष्टम्याच्च चतुर्दर्दशयामुपवासी नरोत्तमः ॥

संवत्सरेण लभते राज्यं निष्कण्टकं पुनः ।

य इदं श्रृणुवादभक्त्या तव देवि समुदभवम् ॥

सर्वपापविनिर्म्मुक्तः परं निर्वाणमृच्छति ।

श्रीकामरुपेश्वरि भास्करप्रभे, प्रकाशिताम्भोजनिभायतानने ।

सुरारि - रक्षः - स्तुतिपातनोत्सुके, त्रयीमये देवनुते नमामि ॥

सितसिते रक्तपिशङ्गविग्रहे, रुपाणि यस्याः प्रतिभान्ति तानि ।

विकाररुपा च विकल्पितानि, शुभाशुभानामपि तां नमामि ॥

कामरुपसमुद्भूते कामपीठावतंसके ।

विश्वाधारे महामाये कामेश्वरि नमोऽस्तु ते ॥

अव्यक्त विग्रहे शान्ते सन्तते कामरुपिणि ।

कालगम्ये परे शान्ते कामेश्वरि नमोऽस्तु ते ॥

या सुष्मुनान्तरालस्था चिन्त्यते ज्योतिरुपिणी ।

प्रणतोऽस्मि परां वीरां कामेश्वरि नमोऽस्तु ते ॥

दंष्ट्राकरालवदने मुण्डमालोपशोभिते ।

सर्व्वतः सर्व्वगे देवि कामेश्वरि नमोस्तु ते ॥

चामुण्डे च महाकालि कालि कपाल - हारिणी ।

पाशहस्ते दण्डहस्ते कामेश्वरि नमोऽस्तु ते ॥

चामुण्डे कुलमालास्ये तीक्ष्णदंष्ट्र महाबले ।

शवयानस्थिते देवि कामेश्वरि नमोऽस्तु ते ॥

- योगिनीतन्त्र

कामाख्या कवच

ॐ कामाख्याकवचस्य मुनिर्वृहस्पति स्मृतः ।

देवी कामेश्वरी तस्य अनुष्टुपछन्द इष्यतः ॥

विनियोगः सर्व्वसिद्धौ नञ्च श्रृण्वन्तु देवताः ।

शिरः कामेश्वरी देवी कामाख्या चक्षुषी मम ॥

शारदा कर्णयुगलं त्रिपुरा वदनं तथा ।

कण्ठे पातु महामाया हृदि कामेश्वरी पुनः ॥

कामाख्या जठरे पातु शारदा पातु नाभितः ।

त्रिपुरा पार्श्वयोः पातु महामाया तु मेहने ॥

गुदे कामेश्वरी पातु कामाख्योरुद्वये तु माम् ।

जानुनोः शारदा पातु त्रिपुरा पातु जङ्घयोः ॥

महामाया पादयुगे नित्यं रक्षतु कामदा ।

केशे कोटेश्वरी पातु नासायां पातु दीर्घिका ॥

21

दन्तसङ्घाते मातङ्ग्यवतु चाङ्ग्योः ।

बाह्वोर्म्मा ललिता पातु पाण्योस्तु बनवासिनी ॥

विनध्यवासिन्यङ्ग लीषु श्रीकामा नखकोटिषु ।

रोमकूपेषु सर्व्वेषु गुप्तकामा सदावतु ॥

पादाङ्गुलि - पार्ष्णिभागे पातु मां भुवनेश्वरी ।

जिह्वायां पातु मां सेतुः कः कण्ठाभ्यन्तरेऽवतु ॥

पातु नश्चान्तरे वक्षः ईः पातु जठारान्तरे ।

सामिन्दुः पातु मां वस्तौ विन्दुर्व्विद्धन्तरेऽवतु ॥

ककारस्त्वचि मां पातु रकारोऽस्थिषु सर्व्वदा ।

लकाराः सर्व्वनाडिषु ईकारः सर्व्वसन्धिषु ॥

चन्द्रः स्नायुषु मां पातु विन्दुर्मज्जासु सन्ततम् ।

पूर्व्वस्यां दिशि चाग्रेष्यां दक्षिणे नैऋते तथा ॥

वारुणे चैव वायव्यां कौवेरे हरमन्दिरे ।

अकाराद्यास्तु वैष्णवा अष्टौ वर्णास्तु मन्त्रगाः ॥

पान्तु तिष्ठन्तु सततं समुद्भवविवृद्धये ।

ऊर्द्ध्वाधः पातु सततं मान्तु सेतुद्वयं सदा ॥

नवाक्षराणि मन्त्रेषु शारदा मन्त्रगोचरे ।

नवस्वरन्तु मां नित्यं नासादिषु समन्ततः ॥

वातपित्तकफेभ्यस्तु त्रिपुरायास्तु त्र्यक्षरम् ।

नित्यं रक्षतु भूतेभ्यः पिशाचेभ्यस्तथैव च ॥

तत् सेतु सततं पाता क्रव्यादभ्यो मान्त्रिवारकौ ।

नमः कामेश्वरी देवीं महामायां जगन्मयीम् ॥

या भूत्वा प्रकृतिर्नित्यं तनोति जगदायतम् ।

कामाख्यामक्षमालाभयवरदकरां सिद्धसूत्रैकहस्तां ॥

श्वेतप्रेतोपरिस्थां मणिकनकयुतां कुङ्कुमापीतवर्णाम् ।

ज्ञानध्यानप्रतिष्ठामतिशयविनयां ब्रह्मशक्रादिवन्द्या ॥

मग्नौ विन्द्वन्तमन्त्रप्रियतमविषयां नौमि विद्ध्रयैरतिस्थाम् ।

मध्ये मध्यस्य भागे सततविनमिता भावहावली या,

लीला लोकस्य कोष्ठे सकलगुणयुता व्यक्त रुपैकनम्रा ।

विद्या विद्यैकशान्ता शमनशमकरी क्षेमकत्रीं वरास्या,

नित्यं पायात् पवित्रप्रणववरकरा कामपूर्वीश्वरी नः ॥

इति हरकवचं तनुस्थितं शमयति वै शमनं तथा यदि ।

इह गृहाण यतस्व विमोक्षणे सहित एष विधिः सह चामरैः ॥

इतीदं कवचं यस्तु कामाख्यायाः पठेद् बुधः ।

सुकृत् तं तु महादेवी तनुब्रजति नित्यदा ॥

नाधिव्याधिभयं तस्य न क्रव्यादमो भयं तथा ।

नाश्रितो नापि तोयेभ्यो न रिपुभ्यो न राजतः ॥

दीर्घायुर्व्वहुभोगी च पुत्रपौत्रसमन्वितः ।

आवर्त्तयन् शतं देवी मन्दिरे मोदते परे ॥

यथा यथा भवेदबद्धः संग्रामेऽन्यत्र वा बुधः ।

ततक्षणादेव मुक्तः स्यात् स्मरणात् कवचस्य तु ॥

- कालिका पुराण

कामाख्या चालीसा

॥ दोहा ॥

सुमिरन कामाख्या करूँ, सकल सिद्धि की खानि ।

होइ प्रसन्न सत करहु माँ, जो मैं कहौं बखानि ॥

जै जै कामाख्या महारानी । दात्री सब सुख सिद्धि भवानी ॥

कामरुप है वास तुम्हारो । जहँ ते मन नहिं टरत है टारो ॥

ऊँचे गिरि पर करहुँ निवासा । पुरवहु सदा भगत मन आसा ।

ऋद्धि सिद्धि तुरतै मिलि जाई । जो जन ध्यान धरै मनलाई ॥

जो देवी का दर्शन चाहे । हदय बीच याही अवगाहे ॥

प्रेम सहित पंडित बुलवावे । शुभ मुहूर्त निश्चित विचारवे ॥

अपने गुरु से आज्ञा लेकर । यात्रा विधान करे निश्चय धर ।

पूजन गौरि गणेश करावे । नान्दीमुख भी श्राद्ध जिमावे ॥

शुक्र को बाँयें व पाछे कर । गुरु अरु शुक्र उचित रहने पर ॥

जब सब ग्रह होवें अनुकूला । गुरु पितु मातु आदि सब हूला ॥

नौ ब्राह्मण बुलवाय जिमावे । आशीर्वाद जब उनसे पावे ॥

सबहिं प्रकार शकुन शुभ होई । यात्रा तबहिं करे सुख होई ॥

जो चह सिद्धि करन कछु भाई । मंत्र लेइ देवी कहँ जाई ॥

आदर पूर्वक गुरु बुलावे । मन्त्र लेन हित दिन ठहरावे ॥

शुभ मुहूर्त में दीक्षा लेवे । प्रसन्न होई दक्षिणा देवै ॥

ॐ का नमः करे उच्चारण । मातृका न्यास करे सिर धारण ॥

षडङ्ग न्यास करे सो भाई । माँ कामाक्षा धर उर लाई ॥

देवी मन्त्र करे मन सुमिरन । सन्मुख मुद्रा करे प्रदर्शन ॥

जिससे होई प्रसन्न भवानी । मन चाहत वर देवे आनी ॥

जबहिं भगत दीक्षित होइ जाई । दान देय ऋत्विज कहँ जाई ॥

विप्रबंधु भोजन करवावे । विप्र नारि कन्या जिमवावे ॥

दीन अनाथ दरिद्र बुलावे । धन की कृपणता नहीं दिखावे ॥

एहि विधि समझ कृतारथ होवे । गुरु मन्त्र नित जप कर सोवे ॥

देवी चरण का बने पुजारी । एहि ते धरम न है कोई भारी ॥

सकल ऋद्धि - सिद्धि मिल जावे । जो देवी का ध्यान लगावे ॥

तू ही दुर्गा तू ही काली । माँग में सोहे मातु के लाली ॥

वाक् सरस्वती विद्या गौरी । मातु के सोहैं सिर पर मौरी ॥

क्षुधा, दुरत्यया, निद्रा तृष्णा । तन का रंग है मातु का कृष्णा ।

कामधेनु सुभगा और सुन्दरी । मातु अँगुलिया में है मुंदरी ॥

कालरात्रि वेदगर्भा धीश्वरि । कंठमाल माता ने ले धरि ॥

तृषा सती एक वीरा अक्षरा । देह तजी जानु रही नश्वरा ॥

स्वरा महा श्री चण्डी । मातु न जाना जो रहे पाखण्डी ॥

महामारी भारती आर्या । शिवजी की ओ रहीं भार्या ॥

पद्मा, कमला, लक्ष्मी, शिवा । तेज मातु तन जैसे दिवा ॥

उमा, जयी, ब्राह्मी भाषा । पुर हिं भगतन की अभिलाषा ॥

रजस्वला जब रुप दिखावे । देवता सकल पर्वतहिं जावें ॥

रुप गौरि धरि करहिं निवासा । जब लग होइ न तेज प्रकाशा ॥

एहि ते सिद्ध पीठ कहलाई । जउन चहै जन सो होई जाई ॥

जो जन यह चालीसा गावे । सब सुख भोग देवि पद पावे ॥

होहिं प्रसन्न महेश भवानी । कृपा करहु निज - जन असवानी ॥

॥ दोहा ॥

कर्हें गोपाल सुमिर मन, कामाख्या सुख खानि ।

जग हित माँ प्रगटत भई, सके न कोऊ खानि ॥

कामाक्षायाष्टक

एक समय यज्ञ दक्ष कियोतब न्योत सबै जग के सुर डारो ।

ब्रह्म सभा बिच माख लग्य तेहि कारण शंकर को तजिडारो ।

रोके रुके नहिं दक्ष सुता, बुझाय बहू विधि शंकर हारो ।

नाम तेरो बड़ है जग में करुणा करके मम कष्ट निवारो ॥१॥

संग सती गण भेज दिये, त्रिपुरारि हिये माँह नेक विचारो ।

राखे नहीं संग नीक अहै जो रुके तो कहूँ नहिं तन तजि डारो ।

जाय रुकी जब तात गृहे तब काहु न आदर बैन उचारो ।

नाम तेरो बड़ है जम में करुणा करके मम कष्ट निवारो ॥२॥

मातु से आदर पाय मिली भगिनी सब व्यंग मुस्काय उचारो ।

तात न पूछ्यो बात कछू यह भेद सती ने नहीं विचारो ।

जाय के यज्ञ में भाग लख्यो पर शंकर भाग कतहुँ न निहारो ।

नाम तेरो बड़ है९ जग में ' करुणा करके मम कष्ट निवारो ॥३॥

तनक्रोध बढ्यो मनबोध गयो, अपमान भले सहि जाय हजारो ।

जाति निरादर होई जहाँ तहँ जीवन धारन को धिक्कारो ।

देह हमार है दक्षके अंश से जीवन ताकि सो मैं तजि डारो ।

नाम तेरो बड़ है जग में करुणा करके मम कष्ट निवारो ॥४॥

अस कहि लाग समाधि लगाय के बैठि भई निश्चय उर धारो ।

प्रान अपान को नाभि मिलय उदानहिं वायु कपाल निकारो ।

जोग की आग लगी अब ही जरि छार भयो छन में तन सारो ।

नाम तेरो बड़ है जग में करुणा करके मम कष्ट निवारो ॥५॥

हाहाकार सुन्यो गण शंभु तो जग विध्वंस सबै करि डारो ।

जग्य विध्वंसि देखि मुनि भृगु मन्त्र रक्षक से सब यज्ञ सम्हारो ।

वीरभद्र करि कोप गये और दक्ष को दंड कठिन दै डारो ।

नाम तेरो बड़ है जग में करुणा करके मम कष्ट निवारो ॥६॥

दुखकारन सतीशव कांधे पे डार के विचरत है शिवजगत मंझारो ।

काज रुक्यो तब देव गये और श्रीपति के ढिंग जाय पुकारो ।

विष्णु ने काटि किये शव खण्ड गिट्यो जो जहाँ तहँ सिद्धि बिठारो ।

नाम तेरो बड़ है जग में करुणा करके मम कष्ट निवारो ॥७॥

योनि गियो कामाख्या थल सों, बन्यो अतिसिद्ध न जाय संभारो ।

बास करें सुर तीन दिना जब मासिक धर्म में देवि निहारो ।

कहत गोपाल सो सिद्ध है पीठ जो माँगता है मिल जात सो सारो ।

नाम तेरी बड़ है जग में करुणा करके मम कष्ट निवारो ॥८॥

॥ दोहा ॥

लाल होई खल तीन दिन, जब देवि रजस्वला होय ।

मज्जन कर नर भव तरहिं, जो ब्रह्म हत्यारा होय ॥१॥

कामाख्या तीरथ सलिल, अहै सुधा सम जान ।

कह गोपाल सेवन करूँ, खान, पान, स्नान ॥२॥

भक्ति सहित पढ़िहै सदा, जो अष्टक को मूल ।

तिनकी घोर विपत्ति हित, शरण तुम्हारि त्रिशूल ॥३॥

कामाख्या जगदम्बिक, रक्षहु सब परिवार ।

भक्त ' गिरि ' पर कृपा करि, देहु सबहिं सुख डार ॥४॥

गच्छ देवि महामाया कल्याणं कुरु सर्वदा ।

यथाशक्ति कृता पूजा भक्त्या कमललोचने ॥

गच्छन्तु देवताः सर्वे दत्वा में वरभीप्सितम् ।

त्वम् गच्छ परमेशानि सुख सर्वत्र गणैः सह ॥

हवन विधि

अग्रि - स्थापन - तुष, केश, रेत, भस्मादि निषेध वस्तु से रहित चारों कोण से हस्त परिमाण वेदी बनाना चाहिए । भूमि को कुशों से शुद्ध करे । इन कुशों को ईशान दिशा में रख कर शुद्ध गोबर और जल से लीपे । श्रुवा के अग्रभाग से वेदी के बीच में दक्षिण तरफ से शुरु करके ३ रेखा खींचे जो कि पश्चिम से पूर्व की ओर हो । अनामिका और अंगूठे से खींची हुई लकीर की मिट्टी को थोड़ा सा लेकर ईशान दिशा में फेंक दे । फिर वेदी पर जल छिड़के । वेदी के पूर्व में उत्तर की ओर अग्रभाग करके कुशा रखे । पुनः वेदी के दक्षिण में पूर्व की ओर अग्रभाग पर कुशा रखे । पुनः वेदी के पश्चिम में उत्तर की ओर अग्रभाग करके कुशा रखे । पुनः वेदी के उत्तर में पूर्व की ओर अग्रभाग कर कुशा रखे । तब कांसे के पात्र में अग्रि मँगवाए और पूर्व मुख अग्रि निम्न मन्त्र द्वारा स्थापन करें -

मन्त्र - त्वं मुखं सर्वदेवां सप्तार्चिरभिद्यते । आगच्छ भगवन्नग्ने यज्ञेऽस्मिन्सन्निधो भव ॥ अग्निं आवाहयामि स्थापयामि इहागच्छ इह तिष्ठ ।

' ॐ पावकाग्रये नमः ' - इस मन्त्र द्वारा पञ्चोपचार से पूजा करें । तब हाथ में पुष्प लेकर प्रार्थना करें - ॐ अग्ने खाण्डिल्यगोत्रमेषध्वज ! प्राङ्मुख मम सम्मुखो भव ।

प्रथम ये सात आहुतियाँ घी की दें -

(१) ॐ प्रजापतये स्वाहा । इदं प्रजापतये इदं न मम । (२) ॐ इन्द्राय स्वाहा । इदमिन्द्राय इदं न मम । (३) ॐ अग्नये स्वाहा । इदमग्नये इदं न मम । (४) ॐ सोमाय स्वाहा । इदं सोमाय इदं न मम । (५) ॐ भूः स्वाहा । इदमग्नये इदं न मम । (६) ॐ भुवः स्वाहा । इदं वायवे इदं न मम । (७) ॐ स्वः स्वाहा । इदं सूर्याय इदं न मम ।

पूर्णाहुति - अब जिन - जिन मन्त्रों की जितनी आहुतियाँ देनी हों वह देनी चाहिए । फिर उन्हीं मन्त्रों को कहने के बाद नीचे लिखे मन्त्र से पूर्णाहुति दें -

ॐ सप्तमे अग्नेमधः स सप्ति जिह्वाः सप्त ऋषयः सप्त धाम प्रियाणि । सप्त होत्राः सप्त धात्वा यजन्ति सप्त योनीरापृणस्व धृतेन स्वाहा । अनेन होमेन श्री परमेश्वरी कामाक्ष्या देवी प्रीयतां न मम ।

दशांश हवन के बाद दशांश तर्पण ' कामाख्या तर्पयामि ' इस मन्त्र से, तर्पण संख्या का दशांश मार्जन कामाख्या मूर्ति का, यन्त्र का और मन्त्र, का ' कामाख्या ' मार्जयामि इस मन्त्र से होता है । मार्जन के प्याले में दूध गंगाजल, चन्दन में से एक अथवा तीनों सम्मिलित होना चाहिए । यह मार्जन दूब से किया जाता है और अंत में मार्जन संख्या का दशांश ब्राह्मण भोजन हो तब मन्त्र जप की अथवा पाठ की पूर्णता होती है ।

जप समर्पण - मन्त्र जप पूरा करके उसे भगवती को समर्पण करते हुए कहें -

गुह्यति गुह्य गोप्त्री त्वं, गृहाणास्मत्कृतं जपम् ।
सिद्धिर्भवतु मे देवि, त्वत्प्रसादान्महेश्वरि ॥

इस प्रकार देवी के बाएँ हाथ में जप समर्पण करे ।

अब श्रुवा से भस्म लेकर लगाए -

ॐ त्र्यायुषं जमदग्ने इति ललाटे ।

ॐ कश्यपस्य त्र्यायुषम् इति ग्रीवायां ।

ॐ यद्देवेषु त्र्यायुषम् इति दक्षिण बाहुमूले ।

ॐ तन्नोऽअस्तु त्र्यायुषम् इति हदि ।

अब वेदी के चारों तरफ रखी हुई कुशओं को अग्नि में डाल दे । आचार्य और ब्राह्मणों को दक्षिणा दें । तब हाथ में पुष्प लेकर प्रार्थना करें ।

प्रार्थना

नमो देव्यै महादेव्यै शिवायै सततं नमः ।

नमः प्रकत्यै भद्रार्य नियताः प्रणाताः स्माताम् ॥

नमस्ते पार्श्वयोः पृष्ठे नमस्ते पुरतोऽम्बिके ! ।

नमः ऊर्ध्व नमश्चाऽधः सर्वत्रैव नमोनमः ॥

जय देवि ! जगन्मातर्जय देवि परात्परे ! ।

जय श्री कामरुपस्थे ! जय सर्वोत्तमोत्तमे ॥

देवी विसर्जन

पूजन करने वाले को चाहिए कि पूजित देवों के आसन को दाहिने हाथ से स्पर्श करे (हिला दे) ब्राह्मणों को दक्षिणा देने के बाद अभिषेक कराए अर्थात् आचार्य और ब्राह्मण लोग यज्ञकर्ता के मस्तक पर जल के छींटे डालें और मन्त्र पढ़ें -

ॐ द्यौः शान्तिरन्तरिक्ष शान्तिः पृथिवि शान्तिरापः शान्तिरोषधयः शान्ति वनस्पतयः शान्तिर्विश्वेदेवाः शान्तिर्ब्रह्म शान्ति सर्व शान्तिः शान्तिरेव शान्तिः सामा शान्तिरेधि ॥

ॐ शान्ति ! शा न्ति !! शान्ति !!! सर्वारिष्ट सुशान्तिर्भवतु !!

इसके बाद इष्टमित्रादि सहित प्रतिमा को लेकर किसी जलाशय में विसर्जन करे । विसर्जन से पूर्व कपूर आदि से आरती करनी चाहिए ।

विसर्जन के बाद प्रार्थना

आयुर्देहि यशोदेहि भाग्यं भगवति देहि मे ।

पुत्रम् देहि धनं देहि सर्वान् कामांश्च देहि मे ॥

जो व्यक्ति इस प्रकार कामाक्षा देवी का पूजन जप विधिपूर्वक करता है, उसकी साधना अवश्य ही सफल होती है । वह सब पापों से मुक्त होकर ग्रस्त कामनाओं को प्राप्त करता है तथा अंत में आवागमन के बंधन से छूटकर निश्चत ही मुक्त हो जाता है । इसमें सन्देह नहीं है । उसके यन्त्र - मन्त्र सिद्ध होकर साधक को मनोवांछित फल देते है ।